LE MARIAGE

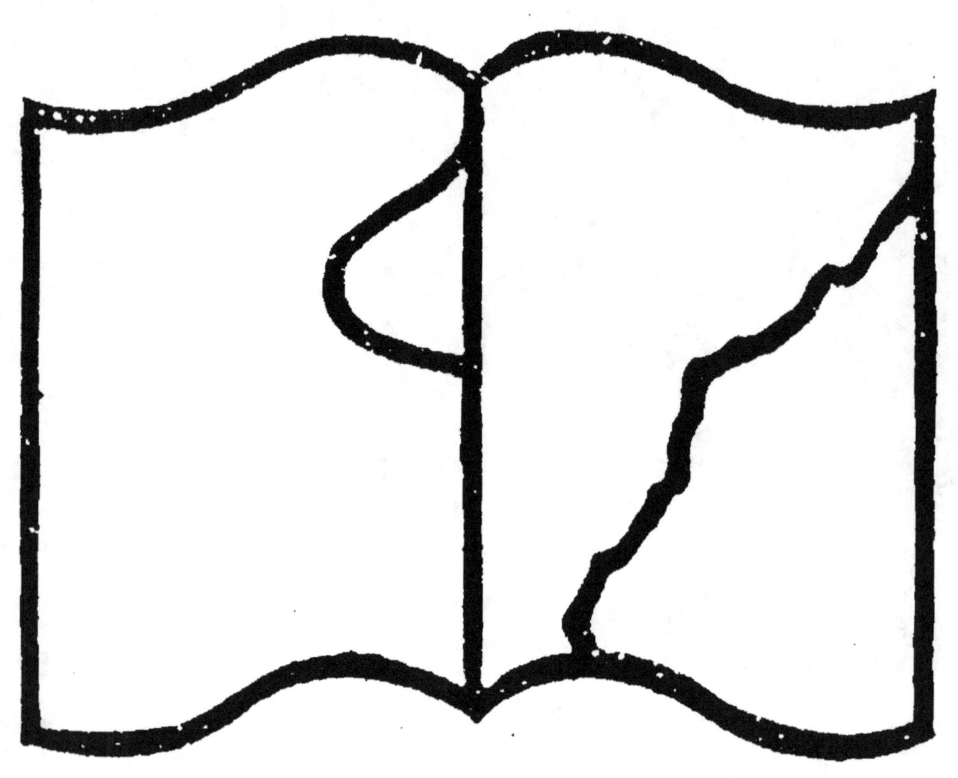

Texte détérioré — re'iure défectueuse

NF Z 43-120-11

LE

MARIAGE

Devoirs des Mariés.
Devoirs des Parents. — Education
et Instruction
Instruction et Apprentissage
dans la classe moyenne et chez les
Travailleurs
Devoirs des Enfants envers leurs
Parents. — La Famille
Union entre Frères. — Union
entre Parents
Contrat civil du Mariage

SAINT-ÉTIENNE

LE HÉNAFF, IMPRIMEUR-LIBRAIRE

34, Rue Balay, 34

LE MARIAGE

AUGUSTE LARCHER

LE

MARIAGE

Devoirs des Mariés
Devoirs des Parents. — Éducation
et Instruction
Instruction et Apprentissage
dans la classe moyenne et chez les
Travailleurs
Devoirs des Enfants envers leurs
Parents. — La Famille
Amour et union entre Frères. — Union
entre Parents
Code civil du Mariage

SAINT-ÉTIENNE
J. LE HÉNAFF, IMPRIMEUR-LIBRAIRE
31, Rue Balay, 31

AVERTISSEMENT

L'importance du mariage nous engage à en faire un manuel court et complet autant que possible, parce qu'en général les nouveaux mariés, et même les anciens, en ignorent les devoirs, les droits et les charges. Nous parlerons donc du mariage en général, des devoirs des mariés entre eux, du ménage, des devoirs des parents, afin d'avoir des enfants bien constitués, robustes et intelligents ; afin de les élever convenablement, leur donner une bonne éducation, une instruction solide et morale, des connaissances générales et particulières selon leur condition, pour former leur caractère, leur cœur, leur esprit et leur jugement.

Ensuite, nous traiterons de l'instruction et de l'apprentissage dans la classe moyenne, chez les travailleurs industriels et chez les cultivateurs ; des devoirs des enfants envers leurs parents ; de la famille ; de l'amour et de l'union entre frères et sœurs ; de l'union entre parents et des réunions de famille. Tous ces sujets s'enchaînent et découlent du mariage.

Nous y avons ajouté les principaux articles du Code civil, relatifs au mariage.

Cet opuscule devrait être remis dans toutes les mains lors d'un mariage ; il serait nécessaire et très utile.

A. LARCHER

LE MARIAGE

L'état du mariage est le premier et le plus important ; il est la source de la société humaine.

Quelques-uns ont estimé son lien et ses obligations comme une pénible et une rude captivité. S'il arrive de s'être trompé dans son choix, on demeure misérable toute sa vie, pour un imprudent marché, fait par mégarde, souvent pour obéir ou suivre l'avis d'autrui.

A cela on peut répondre que le mariage est nécessaire, car il est le meilleur moyen de conserver et de multiplier les hommes.

En réalité, le mariage est un grand bien, un grand repos ; c'est une douce et plaisante existence, quoiqu'il y en ait quelques-uns de malheureux. Il est dans les besoins et dans l'essence de la nature, et il est pratiqué dans tout l'univers.

Généralement les hommes qui restent célibataires ont des sentiments mystiques ; d'autres manquent de sensibilité, sont égoïstes, n'ont pas assez de courage pour prendre les charges et les soucis d'élever une famille, par suite d'inconduite, à cause d'infirmités, et souvent par manque d'occasion. Ce sont des exceptions à la généralité.

Dans le mariage, on devrait surtout tenir compte de la santé, des qualités morales et physiques, de l'honorabilité, plutôt que de la fortune, du rang et de l'entraînement de la passion. Aussi s'en trouve-t-il de mal assortis. Cela vient de la médiocrité ou de la licence des personnes, et non de l'institution.

Le mariage est plus heureux pour les âmes bonnes, simples, que les plaisirs, l'oisiveté troublent moins ; mais cette association ne vaut rien pour les âmes débauchées et turbulentes. C'est une sage convention, un lien saint et inviolable, un port pour passer la vie à l'abri des tentations dangereuses, des orages, de l'ennui et de la triste solitude du célibat. Satisfaction facile et paisible d'un besoin naturel, c'est un remède contre les dérèglements ; avec lui l'homme a un foyer, une vie régulière, son existence tracée, un but à atteindre. Par le mariage, il s'honore, il acquiert la dignité de père de famille qui lui vaut plus de considération.

Le mariage assure à sa vieillesse l'amour, la société, l'appui de ses enfants et presque la continuation de sa vie dans ses descendants.

A deux on est plus fort pour les besoins et pour les épreuves, car le partage des afflictions en diminue l'amertume ; on se consulte, on se soutient et, dans les événements heureux, la satisfaction est doublée par celle de la famille. Les intérêts étant communs, chacun est assuré du concours de l'autre, pour le travail, l'ordre, l'économie, qui sont la base de l'aisance et de la prospérité. Ce n'est pas trop d'être deux pour les soins, l'éducation, l'apprentissage des enfants et pour les former à la vertu. Si le mariage est bien pratiqué, il n'y a rien de plus beau ; c'est une agréable société, pleine de confiance, de tranquillité, d'un grand nombre d'utiles services et d'obligations mutuelles. En cas de maladie ou d'infirmité, les deux époux sont assurés de soins dévoués jusqu'à la fin de leur existence.

L'homme marié est réellement homme, un célibataire ne l'est qu'à moitié.

Peu de mariages sont heureux quand ils sont amenés par les beautés et les désirs amoureux, il leur faut des fondements plus solides. Par conséquent, il vaut mieux qu'ils soient préparés et conduits par main-tierce qui aplanit les difficultés et dissipe les nuages pouvant s'élever entre les deux futurs.

Dans le mariage, il faut une communication complète de toutes choses, âmes, volonté, biens, corps : loi fondamentale du mariage qui s'étend jusqu'à la mort. Le mari a puissance sur sa femme, celle-ci lui doit obéissance, quoiqu'elle soit quelquefois plus noble et plus riche. Partout, le mari est le maître des actions et des vœux de sa femme qui est tenue de suivre la condition, la qualité, le pays, la famille, le domicile de son mari. Elle doit l'accompagner partout, en voyage, en exil, errant, vagabond, fugitif. L'histoire en fournit de nombreux exemples. Elle ne peut ester en justice sans l'autorisation de son mari, ou par le juge sur son refus ; elle ne peut appeler son mari en justice sans permission du magistrat.

Avec la polygamie, la femme est presque esclave et en captivité. Cette grande infériorité est une criante injustice ; le progrès de la nation en souffre ; partout où l'islamisme s'est imposé avec la tyrannie, il a amené la paresse, la ruine et la dépopulation.

Dans la plupart des mariages, la contrainte sert à l'attachement, principalement pour les âmes simples et débonnaires. Quant aux débauches et aux adultères, ils viennent du dérèglement des mœurs que rien ne peut arrêter.

Aujourd'hui, le divorce est admis presque partout. Les divorcés sont libres de convoler à un nouveau mariage ; c'est donc la négation grave de l'indissolubilité et de la sainteté de ce lien, une atteinte à l'unité de la famille, à la fidélité jurée, un encouragement aux relations scandaleuses et leur consécration ; on a sacrifié ainsi à un excès de liberté sociale, des intérêts moraux de premier ordre. Mais la religion catholique, plus sage, interdit toujours le divorce. En cas d'incompatibilité d'humeurs, la séparation de corps est suffisante. Le pire, c'est que l'adultère n'est pas puni sévèrement.

DEVOIRS DES MARIÉS

Dans le mariage, il y a deux devoirs principaux : l'un entre le mari et la femme, l'autre entre les père et mère et les enfants.

Les devoirs du mari sont : instruire sa femme, avec douceur, de tout ce qui est de son devoir, honneur et bien, et de tout ce dont elle est capable ; la nourrir, la vêtir, coucher avec elle, l'aimer et la défendre. La tenir sujette comme une servante, ou s'assujettir à elle, sont deux extrémités vicieuses. Les autres devoirs sont : la soigner si elle est malade, la délivrer si elle est captive, l'ensevelir si elle meurt, et si elle reste veuve, la nourrir par provision testamentaire, elle et ses enfants.

Les devoirs de la femme sont : rendre honneur et respect à son mari, comme à son maître ; celle qui s'acquitte de ce devoir fait plus pour elle et son honneur que pour son mari ; elle lui doit obéissance en choses justes et licites, en se pliant aux mœurs et au caractère de son mari, n'ayant aucun dessein, aucune pensée, aucun amour particuliers ; elle lui doit ses services, lui préparer ses repas par elle ou par autrui ; garder la maison, surtout quand le mari est absent, car éloignée du mari, elle doit être comme invisible ; demeurer silencieuse et ne parler qu'avec son mari ou par son mari. Vaquer et étudier les soins du ménage, c'est la plus utile et la plus honorable occupation de la femme, c'est la première qualité qu'on doit chercher dans le mariage, surtout en moyenne fortune, c'est le douaire qui sert à sauver ou à ruiner les maisons. Bien entendu, l'esprit et le jugement si nécessaires dans la vie, et les qualités physiques pour la santé des enfants, doivent primer tous les autres.

Dans les rapports et l'usage du mariage, il faut du respect et de la modération ; c'est une sérieuse et religieuse liaison : voilà pourquoi le plaisir doit être mêlé d'une certaine retenue. C'est une volupté prudente et consciencieuse ; il ne faut s'approcher de sa femme que dignement, avec respect, car le plaisir trop vif altère la semence et empêche la génération ; d'autre part, afin que la femme ne soit pas trop languissante et stérile, il est bon de ne s'y présenter que rarement.

MÉNAGE

Les soins du ménage sont une occupation nécessaire, utile et juste ; il n'y a rien de si beau qu'un ménage bien réglé, bien tenu, bien ordonné, bien paisible. C'est là où la femme règne et montre ses mérites, par son savoir, par l'ordre, la propreté et l'économie.

Cette occupation, sans être difficile, est compliquée, pénible, épineuse, à cause du grand nombre d'affaires quotidiennes ; avoir des serviteurs sur qui se fier et se reposer, serait le moyen propre pour vivre tranquille et à son aise ; mais ils sont de plus en plus rares, jeunes, inexpérimentés et disposés au changement. En tout cas, il faut les chercher fidèles, loyaux, actifs, soumis, dévoués, si l'on peut, puis les obliger à bien faire en les dirigeant et les surveillant, car le meilleur serviteur se néglige, prend des mauvaises habitudes quand il est abandonné à lui-même. Il faut toujours que l'œil du maître soit ouvert. Cela n'empêche pas de leur montrer de la confiance, car la confiance oblige à la fidélité. Il faut suppléer aux connaissances et aux qualités qui leur manquent, les former, leur être agréable, sans familiarité, et en changer le moins possible ; car ce seraient toujours de nouveaux apprentissages, pour ne pas avoir mieux ou pis, car *on sait ce que l'on a et on ignore ce que l'on trouvera.*

Les avis pour le ménage sont les suivants : acheter et dépenser pour toutes choses dans leur temps et leur saison, quand elles sont meilleures et à plus bas prix ; éviter que celles qui sont dans la maison dépérissent, se perdent ou s'emportent ; pourvoir à ce qui est nécessaire à l'ordre et à la propreté, s'il est possible à l'abondance sans profusion, à l'exquis et riche service, à la pompe et à l'apparat. Les sages veulent dans un festin *plus de propreté que d'abondance, plus d'aménité que de faste.* Le contraire souvent se pratique ; les orgueilleux ont plus de luxe que de confortable, sans la commodité et les avantages de ce qui est plus modeste.

L'économie ménagère consiste d'abord à régler sa dépense selon ses ressources, en se contentant de ce qui est nécessaire et convenable ; surtout il ne faut jamais empiéter sur le gain à venir ou espéré. Si on ne peut pas s'en occuper soi-même, on doit au moins exercer un contrôle régulier, ne pas s'en rapporter à des serviteurs incapables, quelquefois infidèles. Leur besogne étant fixée, il faut leur apprendre à la faire parfaitement, puis, avec l'habitude, ils s'en acquitteront lestement et sans plus de peine que d'une manière médiocre.

Dans les rapports avec les serviteurs, il ne faut pas oublier qu'ils sont jeunes et souvent ignorants de leurs devoirs, et ne pas trop exiger d'eux. Vivant au même foyer, ils sont pour ainsi dire de la famille, on doit les respecter, s'ils sont honnêtes, les soigner dans leurs maladies, et au bout d'un certain temps ils deviendront des serviteurs bons, utiles et dévoués.

Le maître et la maîtresse ont besoin de cacher leur incompétence dans les affaires de la maison ; en attendant, les étudier, faire mine de s'y entendre et de s'en occuper ; car les domestiques, croyant que l'on n'en a pas souci, se comporteraient à leur fantaisie.

PARENTS ET ENFANTS

La puissance humaine privée, la plus grande et la plus naturelle, est celle du père sur ses enfants. Anciennement, presque partout, la puissance paternelle était absolue sur la vie, la liberté, les biens, l'honneur, les actions et les débordements des enfants. Les raisons d'une telle puissance étaient de les tenir en crainte et dans le devoir, pour punir les fautes secrètes et domestiques ignorées de la justice, cachées par les familles, et qui resteraient sans châtiment. La loi n'avait pas pensé que le père en abusât à cause de son amour naturel pour ses enfants. Cette loi s'abolit d'elle-même; depuis Justinien, la puissance paternelle fut presque éteinte, et il en est résulté que des enfants ont refusé à leurs parents l'obéissance, leurs secours, et même plaidé contre eux.

DEVOIRS DES PARENTS

ENVERS LEURS ENFANTS

Les devoirs et les obligations des parents et des enfants sont réciproques. Ceux des parents sont plus importants pour le bien public, car pour faire des gens de bien et de bons citoyens, la culture et la bonne nourriture de l'esprit et de l'âme sont nécessaires à la jeunesse. Ceux des enfants sont plus restreints, parce qu'il ne résulte point tant de mal de leur ingratitude que de la nonchalance des parents pour l'éducation et l'instruction de leurs enfants. C'est avec raison qu'à Lacédémone et autres bonnes législations, il y avait des punitions contre les parents, quand leurs enfants étaient mal constitués. Les parents sont doublement obligés à ces devoirs, parce que ce sont leurs enfants et l'espérance de la nation.

Ces obligations ont quatre parties successives : la vie, la nourriture, l'éducation et l'instruction, le savoir-vivre et la sociabilité.

I° La première, qui concerne la génération et la grossesse, n'est pas estimée et observée autant qu'on le doit, quoiqu'elle ait autant et plus de part au bien et au mal des enfants, pour leur corps et pour leur esprit, que l'éducation et l'instruction quand ils seront plus grands. C'est elle qui donne la vie, la trempe, le tempérament, le naturel. S'il se commet une faute dans cette première partie, la deuxième et la troisième ne la répareront pas, de même que la première coction dans l'estomac ne se corrige pas dans la seconde, ni dans la troisième.

Les hommes vont à l'étourdie à cet acte si important, poussés seulement par la volupté. S'il en advient conception, c'est rencontre, cas fortuit, personne n'y va avec une attention suffisante, une précédente délibération, une disposition telle qu'il le faudrait et telle que le voudrait la nature. Puisque donc les hommes se font à l'aventure et au hasard, il n'est pas étonnant que si rarement il s'en trouve de beaux, sains, bons, sages et bien constitués.

Voici, selon la raison, l'étude, l'expérience, les avis particuliers sur cette matière, pour avoir des enfants mâles, sains, vigoureux, sages et intelligents, car ce qui sert à une de ces choses sert aux autres.

1° L'homme n'épousera pas une femme qui soit de vile, vilaine, lâche condition, ni de mauvaise et vicieuse constitution corporelle et spirituelle ; il recherchera le contraire, car on retrouve dans les enfants les ressemblances physiques et intellectuelles des parents, même après plusieurs générations.

2° Les époux s'abstiendront de tout rapport sept ou huit jours.

3° Durant lesquels ils suivront un régime substantiel, se nourriront de bonnes viandes chaudes et sèches plus qu'autrement et qui se digèrent bien.

4° Ils feront un exercice plus que médiocre. Tout ceci tend à ce que la semence soit bien cuite et bien assaisonnée, bien composée, chaude et sèche, propre à un tempérament mâle, sain et sage. Les fainéants, lascifs, grands mangeurs ne font que des filles ou des hommes efféminés et lâches.

5° Qu'il s'approche de sa femme avertie d'en faire autant, longtemps après le repas, le ventre vide et à jeun, car le ventre plein ne fait rien qui vaille pour l'esprit et pour le corps.

6° Et six ou sept jours avant les mois de la femme, dix à douze jours après. Dans le premier cas, généralement l'enfant sera un garçon, et dans le second une fille. Les aînés ont les caractères physiques et intellectuels plus accentués de leurs père et mère ; chez les autres, ils sont atténués et plutôt un mélange des deux (1).

(1) C'est l'opinion de Charron, d'après les anciens, et du docteur Moreau Wolf qui, en 1881, a publié sur ces questions un ouvrage très sérieux. Quoique ces détails

7° Sur le point de la rétention des semences et de la conception, que la femme se retourne sur le côté droit, qu'elle se ramasse et se tienne à l'écart quelque temps.

8° Le régime touchant les viandes et l'exercice doit se continuer pour la mère pendant toute la grossesse.

Quant au sexe de l'enfant, il est impossible d'avoir d'avance des données certaines, car on ne peut pas connaître exactement la vigueur relative de chaque conjoint. Cependant d'après des observations, d'après l'âge, d'après la santé des personnes, on est porté à croire que le sexe vient du plus vigoureux dans le moment. Pour les ressemblances physiques ou morales, c'est encore plus mystérieux ; le plus souvent les garçons tiennent du tempérament et de l'esprit de la mère, et les filles de ceux du père.

Après sa naissance, l'enfant sera lavé avec de l'eau tiède et salée, pour rendre les membres souples et fermes ; il faut essuyer et dessécher la chair et le cerveau, affermir les nerfs, coutume très bonne d'Orient et des juifs. Pour ces recommandations, on peut s'en rapporter aux médecins actuels.

fassent sourire les médecins et les profanes, le régime, l'abstention momentanée, la vigueur doivent certainement avoir des conséquences, car tout phénomène a une cause.

II° Pour la deuxième partie, la nourrice doit être la mère. Si elle est à choisir, il la faut jeune, d'un sang pur, vigoureuse, d'un tempérament le moins froid possible, nourrie à la peine, à coucher à la dure, à manger peu, endurcie au froid et à la chaleur. Les mères doivent conserver cette charge, y étant conviées par la nature et obligées par l'amour de leurs enfants qui peuvent recevoir un grand dommage du changement d'aliments, peut-être contraire au premier, et ne seraient réellement mères qu'à demi.

La nourriture, outre la mamelle, sera du lait de chèvre ou plutôt du beurre cuit avec du miel et un peu de sel; ce sont choses très propres pour le corps et pour l'esprit, selon l'avis des grands médecins grecs et hébreux. Le lait et le beurre sont une bonne nourriture; la siccité du miel et du sel absorbe la trop grande humidité du cerveau et le dispose à la sagesse.

L'enfant sera peu à peu accoutumé et endurci à l'air, au chaud et au froid. Il ne faut rien craindre, les enfants des pauvres y sont habitués et sont vigoureux; dans le Nord, on lave les enfants dans l'eau froide quand ils viennent au monde, et ils ne s'en trouvent pas mal. Le corps humain s'habitue à tout dans l'enfance et dans la jeunesse, et il devient plus robuste. Aujourd'hui on laisse les enfants, en hiver, avec les jambes nues, ce qu'autrefois on aurait considéré comme dangereux.

Les deux premières parties des obligations des parents : la vie, la nourriture sont bientôt accomplies ; par conséquent, ils ne sont pas de vrais pères s'ils n'apportent pas le soin, l'affection, la vigilance à ces recommandations, et leur négligence à ce sujet est la cause de la mauvaise constitution, des infirmités ou de la mort de leurs enfants.

Les jeunes mariés manquent de prudence ; les femmes devraient éviter les fortes secousses, les chutes ou autres accidents qui provoquent des avortements désastreux, la mort de l'enfant, une grave indisposition pour la femme, et qui peut compromettre sa faculté d'être mère. Ces imprudences sont fréquentes, on n'y songe que lorsque l'expérience les fait connaître, et quelquefois c'est trop tard.

III° La troisième partie concerne toute la jeunesse. Aussitôt que l'enfant marchant et parlant commencera à mouvoir son âme dont les facultés s'ouvriront et développeront la mémoire, l'imagination et le jugement, à l'âge de quatre ou cinq ans, il faut avoir grand soin et grande attention de la bien former, car cette première teinture dont elle sera imbue aura une grande puissance. Cette première impression et formation de la jeunesse va jusqu'à vaincre la nature même. Entrant la première, elle prend telle place que l'on veut ; aisément l'âme toute neuve reçoit le pli et la croyance qu'on veut lui donner et puis ne les perd pas aisément. Cette mission, peut-on dire, est la plus difficile et de la plus grande importance.

Dans un Etat, tout dépend de là ! Cependant nous voyons que la conduite et la discipline de la jeunesse est abandonnée partout à la charge et à la merci des parents, souvent indifférents ou incapables ; l'autorité publique n'y veille pas.

ÉDUCATION

Nous parlerons d'abord de l'éducation qui se donne dans la famille. Elle consiste à développer le corps, à former l'esprit, à régler les mœurs et à donner de la sociabilité.

A ce sujet, notre premier avis est de conserver chez l'enfant l'âme vierge de la corruption et de la contagion du monde, qu'elle ne reçoive aucune tache et atteinte mauvaise; pour cela, il faut être attentif, diligent, et garantir principalement les yeux et les oreilles. Que personne, même un parent, ne puisse lui souffler ou lui dire quelque chose de mauvais; ne pas permettre que les domestiques et autres personnes de basses conditions aient des entretiens avec lui, car ils ne peuvent lui dire que des fables, des niaiseries, des propos vains et même pis.

Les dons les plus parfaits seraient peu utiles et agréables si on les laissait sans culture; c'est pour y obvier qu'on donne l'éducation aux enfants. Sans elle, l'homme peut être rude, grossier, sans retenue, emprunté, peu sociable. Rien ne répare l'absence de l'éducation qui doit s'acquérir de bonne heure et devenir un usage.

Un enfant doit avoir une obéissance, une soumission prompte et absolue, car toute la vie il faut obéir, à ses parents, à ses maîtres, à ses supérieurs et à sa conscience ; de plus, l'amour et un grand respect pour ses parents, de la gaieté et de l'aménité avec tout le monde. Il ne doit ni commander ni être obéi à tout propos, comme ceux qui sont gâtés.

Trop souvent, au foyer domestique, l'enfant comblé de caresses grandit en pensant qu'il est aimable, quoiqu'il fasse ; il contracte l'habitude de faire ses volontés, il oppose ses caprices, des bouderies à ceux qui devraient lui en infliger le châtiment.

Chez l'enfant, il faut combattre le mensonge qui est le fait d'une âme basse et déloyale, une sotte honte et une faiblesse qui les porte à se cacher, à baisser la tête, à ne pas pouvoir supporter une parole aigre sans être bouleversé ; souvent cela vient d'un naturel timide et sensible qu'on doit corriger. Toute affectation, toute singularité dans les habits, le port, la marche, le parler, les gestes, etc., doivent être bannies, elles révèlent de la vanité, de la prétention et peu de jugement.

Surtout, il ne faut pas tolérer la colère, le dépit, l'opiniâtreté, et que l'enfant n'obtienne rien par ses larmes. La flatterie les gâte, les corrompt, les rend insolents et insubordonnés.

En même temps, on doit leur enter les bonnes et honnêtes mœurs. D'abord les instruire à craindre et à aimer Dieu, à trembler devant cette majesté infinie; à parler rarement et très sobrement de sa puissance, de son éternité, de sa sagesse et de ses œuvres qui sont au-dessus des appréciations des hommes; mais avec crainte, pudeur et grand respect. Ne jamais disputer des mystères et des points de la religion, croire simplement, recevoir et observer ce que l'Eglise enseigne et ordonne.

De plus, il faut remplir leur cœur d'ingénuité, de candeur, de franchise, d'intégrité, et leur apprendre à être noblement et fièrement homme de bien, non par crainte ou l'espérance de quelque honneur ou autre considération, que la vertu même. Qu'il ne fasse pas le mal, par la force de sa volonté, et non faute de courage et de savoir.

Après l'âme vient le corps dont il faut avoir autant de soin que de l'âme et de l'esprit. On doit chasser toute mollesse et toute délicatesse dans les vêtements, au coucher, au boire, au manger; l'endurcir à la peine et au travail, l'accoutumer au chaud et au froid, au labeur et à la douleur, même au danger, le rendre indifférent aux viandes et au goût, lui développer les nerfs et les muscles ; en un mot, le rendre vigoureux. Tout ceci sert à la santé, aux affaires et au service public.

L'éducation pour les relations dans la société est surtout la mission de la mère et du père de famille par l'exemple et des recommandations. Elle consiste dans une douceur inaltérable, une souplesse, une aménité avec toutes gens, dans le respect pour tous, dans la modestie, la retenue, l'humeur égale, la grâce et le sourire. En société, chacun doit s'oublier, être aimable, avoir un tact délicat, une attention soutenue qui, par la pratique, devient une amabilité naturelle qui ne froisse jamais.

Nous recommandons une sage réserve et même le silence. Cependant si par l'ornement et l'agrément de son esprit on peut animer la conversation, l'intéresser et l'égayer, c'est un avantage à ne pas négliger, mais dans une mesure convenable. Si une conversation est générale, il faut en bannir les sujets ardus qui n'intéressent que quelques personnes ; ne contester guère, soit avec les plus respectables, soit avec les inférieurs en condition ou en capacité. De plus, on ne doit pas dominer d'une voix éclatante ou aiguë celle des autres, car c'est un indice de prétention et désagréable pour tous.

On reconnaît la bonne éducation dans la

modération des paroles ; jamais celui qui la possède ne critique et ne dénigre qui que ce soit ; c'est là son criterium certain. C'est une urbanité et une politesse dans les rapports sans la flatterie et les louanges qui sont le plus souvent fades et exagérées. En un mot, l'éducation fait reconnaître les gens de bonne compagnie, elle est l'agrément des sociétés civilisées.

L'éducation des filles doit être la même que celle des garçons, en tenant compte du sexe, des occupations et de leur rôle dans la société. A ce sujet, nous avons à donner quelques avis.

Ce sont elles qui, dans toutes les conditions, sont chargées des soins du ménage ou de le surveiller ; il serait donc nécessaire que dans les écoles et dans les pensions on leur donnât des notions et des leçons sur la cuisine et sur la tenue de la maison, cela serait utile pour la bonne préparation des repas, le bien-être et l'économie. Il en est de même pour la couture, soit à la main, soit à la machine, ce qui leur serait nécessaire souvent à la place d'une ouvrière.

Les filles de familles riches pourraient pousser ces études plus loin pour diriger et conseiller leurs cuisinières, pour des travaux de couture, de fantaisie ou d'art, ou pour les déshérités de la fortune.

Cela ne les empêcherait pas de faire de la musique, du dessin, de la peinture, ou de la broderie qui autrefois était en honneur.

De la sorte, elles ne connaîtraient jamais l'ennui et le désir des distractions.

INSTRUCTION

Pour l'instruction, l'avis est de faire un bon choix des personnes qui en seront chargées, des propos qu'on tiendra et des livres qu'on donnera. Ces personnes doivent être des gens de bien, doux et aimables, ayant de la sagesse autant que de la science. Les livres et les propos ne doivent pas être frivoles, mais sérieux et traitant de choses instructives, nobles et généreuses qui sont nécessaires et utiles, qui règlent les sens, les opinions, les mœurs, forment le cœur et l'esprit. On doit apprendre à l'élève ce qu'il faut aimer, craindre, désirer ; ce que c'est que passion, vertu ; à se connaître lui-même et les autres ; ce qu'il y a à dire entre l'émulation et l'ambition, la générosité et l'avarice, la servitude et la sujétion, la liberté et la licence. On lui fera adopter aussi facilement les unes plus que les autres. On se trompe : il ne faut pas plus d'intelligence pour comprendre les beaux exemples que des contes vains ; le cœur et l'âme de l'homme sont enclins au bien et à ce qui est juste. Il ne faut pas se défier de la portée de l'esprit, mais le bien conduire, le développer et l'imprégner de bons et nobles sentiments, comme un jardinier qui cultive bien son jardin.

Dès l'âge de huit à neuf ans, l'enfant doit être habitué au travail, qui est la base du succès dans toutes les carrières et quelle que soit son intelligence ; en même temps à la persévérance, afin qu'il acquière les connaissance qu'on lui enseigne ; sans cela elles s'effaceraient vite et facilement. Toujours il faut qu'il ait de l'ordre, dans ses livres, dans ses cahiers, dans ses effets, car c'est dans la vie une nécessité qui marche de pair avec l'économie, pour le présent et l'avenir. Dès le bas âge, on doit lui inculquer la piété, base de la morale, la source des vertus, de l'amour du bien, de la loyauté, de la justice ; lui recommander le sang-froid, le courage et le respect de l'honneur. Toutes ces qualités ne l'empêcheront pas d'être réservé et modeste, d'être poli, affectueux et bon camarade, d'avoir de l'émulation, car elles s'enchaînent et servent à former la bonne éducation et la solide instruction.

L'avis est de se comporter envers les écoliers d'une façon douce et amicale. Nous condamnons tout à fait la coutume de les tenir en crainte, de crier, de menacer, de battre ; ceci ne leur met rien dans la tête, dans le cœur et dans l'esprit ; ne leur inculque pas l'amour de la vertu, de l'honnêteté, du savoir et de la sagesse ; au contraire, cette rudesse leur en donne l'horreur et les décourage. Alors ils ne font plus rien, ils maudissent le maître et l'enseignement.

L'enfant doit être traité en employant la raison et de douces remontrances, en lui inspirant des sentiments d'amour-propre et d'honneur ; la patience et la mansuétude finissent par triompher des caractères les plus rebelles, et ces mauvais élèves gardent un bon souvenir de leur maître et de ses leçons. Le devoir d'un père est d'accoutumer son fils à faire le bien de son premier mouvement, plutôt que par crainte.

Les moyens que nous indiquons ne peuvent pas être inutiles s'ils sont employés de bonne heure, avant qu'il n'y ait rien de vicié. Cependant, dans tous les cas, il faut tenir la jeunesse en discipline morale, paternelle, selon la raison.

Venons maintenant aux avis sur les devoirs importants des parents, relativement à l'instruction. On se préoccupe beaucoup de découvrir leurs inclinations et leurs aptitudes, mais c'est chose obscure et si incertaine, que l'on se trouve souvent trompé après avoir beaucoup travaillé et dépensé. C'est pour cela que, sans s'arrêter à de faibles pronostics de leur enfance, il faut leur donner une instruction générale bonne et utile qui les rende capables et disposés à tout.

Le premier avis est d'exercer et de former l'esprit. Pour atteindre ce but, la base fondamentale est de cultiver et de développer son naturel, et moins amasser des autres; de tendre plus à la sagesse qu'à remplir sa mémoire et à acquérir du savoir; plus à former le jugement, la conscience et la volonté, car ce sont les trois parties maîtresses de l'âme raisonnable.

Les parents font leur possible pour rendre leurs enfants savants, les enfants prennent beaucoup de peine, souvent tout est perdu. Mais à les rendre sages, sensés, honnêtes, habiles, ils ne s'en occupent pas. Ils veulent la science et l'art à quelque prix que ce soit, pour acquérir de la réputation et des richesses. Cependant la sagesse vaut mieux que tout le savoir du monde. De plus, les deux ne vont presque jamais ensemble, généralement ils se nuisent, parce que leurs tempéraments sont contraires, sauf quelques exceptions d'esprits privilégiés.

Le savoir est un recueil de ce qu'on a vu, ouï dire, ou lu dans les livres; tandis que la sagesse est le maniement de l'âme par le jugement qui conduit le sage dans ses désirs, ses pensées, ses opinions, ses paroles, ses actions. Le savoir est donc un petit bien à côté de la sagesse ; les trois quarts des hommes s'en passent et vivent convenablement, petits et grands, riches ou pauvres. Le savoir nuirait plutôt à la prud'homie et ne nous servirait de rien pour adoucir nos maux.

La sagesse est nécessaire et utile en tout, en paix, en guerre, dans la vie privée, dans la vie publique ; sans elle tout serait en trouble et en confusion. Dans les Etats où les lettres et les sciences sont en honneur, qui les gouverne ? Ce ne sont pas les savants.

Venant à la pratique, un bourgeois qui ne connaît pas le code donnera de meilleurs avis et opinera mieux qu'un licencié en droit. Cette différence vient de ce que le dernier n'a rempli que sa mémoire dans ses études et non formé son jugement, comme celui qui mettrait du pain dans sa poche et non dans son ventre, il aurait la poche pleine et mourrait de faim. Ceux qui n'étudient pas, cultivent leur naturel, sont plus sages et plus résolus.

Il ne faut donc pas s'amuser à retenir et à prendre les opinions et le savoir d'autrui, mais se les approprier ; il faut travailler comme les abeilles qui se nourrissent du suc des fleurs, le distillent et en font le miel.

Aujourd'hui, l'instruction primaire est obligatoire ; celle dont nous parlons serait supérieure et constatée par un ou trois baccalauréats, suivant la carrière que l'on veut embrasser. En plus, je recommande les sciences naturelles et les sciences morales qui enseignent à vivre, à bien vivre, suivant la nature et la vertu, ce que nous sommes et ce que nous devons être.

Depuis cent ans les sciences proprement dites ont pris une extension prodigieuse, elles nécessitent des études spéciales longues et difficiles, elles ne font pas partie de ce que anciennement on qualifiait ainsi, et qui ne se composaient que des lettres, du droit et de la médecine, ce sont les sciences des phénomènes naturels qui se rattachent à la chimie, à la physique, à la minéralogie, à la mécanique, à l'industrie, etc...; elles sont si étendues et si vastes, qu'un homme ne peut en approfondir qu'une seule spécialité.

Les moyens d'enseignement sont des préceptes, des faits, des expériences, des leçons verbales; ils sont variés suivant les sujets. Les exemples, les expériences apprennent plus facilement, car ils frappent et se gravent dans la mémoire.

En voyageant on s'instruit, on rapporte des connaissances variées sur les mœurs, les habitudes, les industries et le commerce des nations étrangères. Avec la facilité actuelle des communications, la connaissance des langues étrangères est devenue un complément obligé d'une bonne instruction.

Dans l'enseignement, le professeur doit souvent interroger son écolier, lui faire donner son avis sur tout ce qui se présente ; c'est le rebours de ce qui se passe ordinairement, le maître parle toujours seul et l'élève saisit ou non la leçon. Il faudrait éveiller l'esprit des élèves par des questions, les faire opiner les premiers, leur donner la liberté de demander, et leur ouvrir le chemin quand ils voudront. Si on leur parle seulement, ils n'y prêtent l'oreille que froidement ; si on les questionne, il faut leur faire rendre raison de leurs dires. Or, ces demandes ne doivent pas être un exercice de mémoire, mais un exercice de jugement ; tout y peut servir, les petits faits comme les grands, car l'œuvre du jugement est d'estimer et de résoudre justement et pertinemment quoi que ce soit. Il faut donc faire des questions sur le jugement des hommes et de leurs actions, et raisonner le tout, afin qu'ils forment leur jugement et leur conscience. En général, il faut exiger dans tous leurs propos, leurs demandes et leurs réponses, la pertinence et la vérité.

Le précepteur doit pousser et habituer son élève à une curiosité honnête de tout savoir, pour qu'il se rende compte de ce qui se dira et se fera autour de lui, et ne laisse rien passer qu'il ne juge en son esprit, puis qu'il s'informe des autres choses, tant du droit que du fait. Qui ne demande rien ne sait rien.

Il ne faut pas laisser les enfants seuls rêver, s'endormir, s'entretenir, car ils se nourriront de choses vaines ; il faut les occuper et les tenir en haleine, leur donner une curiosité qui les réveille.

L'esprit de l'élève doit être façonné sur le modèle général du monde et de la nature, rendu universel. Par ce moyen, il s'affermit, ne s'étonne de rien, se forme à la résolution, à la fermeté et à la constance. Cet esprit universel doit s'acquérir de bonne heure, par le zèle du précepteur, puis par les voyages, les rapports avec les étrangers, par la lecture des livres et de l'histoire des nations.

Enfin, il doit lui enseigner de ne rien admettre de confiance et d'autorité, mais d'examiner tout avec la raison, lui proposer tout et lui faire choisir ; s'il ne le sait, qu'il doute, c'est peut-être le meilleur et le plus sûr. En même temps, il doit apprendre à se méfier de soi ; mais après enquête et mûre réflexion, fixer librement son opinion personnelle.

IV° Le quatrième devoir des parents consiste dans leur affection et dans leurs rapports avec eux, quand ils sont devenus des hommes. L'affection est réciproque entre eux, mais celle des parents est plus forte que celle des enfants, dont elle semble être le paiement d'une dette et la reconnaissance d'un bienfait plutôt qu'un libre et naturel amour ; encore ne l'apprennent-ils que lorsqu'ils sont pères.

Les sacrifices des parents se font par impulsion et avec plaisir ; tandis que les enfants quittent leurs parents aussitôt que, comme les oiseaux, ils peuvent voler de leurs propres ailes. Aussi, les hommes qui ne font que leur devoir en venant en aide à leurs parents sont-ils cités comme des exemples de piété filiale.

L'amour des parents est double : l'un est naturel, par lequel ils chérissent leurs rejetons ; l'autre est plus raisonnable, ils aiment plus les enfants à mesure que leurs facultés se développent, et qu'ils voient surgir les étincelles de l'intelligence, du cœur et de la vertu. Ensuite dans leurs travaux, leur conduite et leurs succès, les parents trouvent la plus douce récompense de leurs soins et de leurs sacrifices, et la satisfaction de se voir honorablement continués dans la société.

Selon ce second amour vraiment paternel, les parents doivent contribuer à leurs honnêtes ébats et passe-temps, tout en gardant leur rang et leur autorité. Par conséquent, nous condamnons la figure austère, impérieuse de ceux qui ne regardent jamais leurs enfants, ne se soucient pas d'être aimés familièrement, mais d'être craints et adorés. On se trompe fort, si on s'imagine que l'autorité fondée sur la crainte est plus solide et plus efficace que celle qui s'exerce par la confiance et l'amitié.

Les parents doivent recevoir leurs enfants dans leur société, au conseil et aux délibérations des affaires domestiques, même à la communication des desseins, des opinions et des pensées, pour leur servir d'apprentissage de la vie.

Dans la dispensation dernière des biens, le mieux est de suivre les conditions légales et les coutumes de son pays ; les législateurs y ont pensé avant nous ; les avantages accordés à un héritier, même les méritant, ne font qu'amener des jalousies, des refroidissements, des brouilles dans la famille.

INSTRUCTION ET APPRENTISSAGE

DANS LA CLASSE MOYENNE
CHEZ LES TRAVAILLEURS, INDUSTRIELS
ET CHEZ LES CULTIVATEURS

Ce que nous avons dit pour les familles qui ont de la fortune peut s'appliquer à la classe moyenne et aux travailleurs, sauf, pour les deux, l'instruction moins étendue, l'éducation moins raffinée, l'apprentissage et le travail de bonne heure. Ces deux classes représentent environ les quatre cinquièmes de la population ; par conséquent les avis qui les concernent sont nécessaires et ont une grande importance.

DANS LA CLASSE MOYENNE, les ressources ne permettent pas de compléter les études, à moins que l'élève n'ait des dispositions transcendantes pour les carrières libérales et les sciences, que leurs familles puissent s'imposer les sacrifices nécessaires et attendre jusqu'à vingt-cinq ou trente ans pour se créer une position. Sinon, ils doivent entrer dans le commerce, dans l'industrie, dans l'armée, dans une carrière où leur instruction suffise pour y trouver des ressources selon leurs besoins.

Dans ce cas, il faut commencer de bonne heure, à l'âge de quinze à dix-sept ans, à cause de l'apprentissage indispensable; alors les menus services exigés paraissent moins pénibles, on les apprend facilement, on se forme à tout, on s'instruit graduellement, de sorte que de dix-huit à vingt ans l'on peut montrer ce dont on est capable. A l'âge de vingt ans, le même homme aurait plus de difficulté, son apprentissage lui paraîtrait plus dur, il aurait des habitudes prises, un besoin de distractions, et il serait en retard de plus de trois ans avec le premier. Quand on est jeune, on a plus d'ardeur, l'esprit a plus d'élasticité, on voit l'avenir en beau, on ne se décourage pas en rencontrant des difficultés ou des déceptions; de plus, on n'est pas détourné par les passions. On peut compléter son instruction le soir, par des lectures ou dans des cours publics. A vingt ans, le tiers de la vie est passé; à trente ans c'est la moitié, et il est déjà tard si l'on ne s'est pas fait une place dans la carrière que l'on a embrassée.

Dans tous les cas, c'est toujours le travail, l'activité, le jugement, la persévérance, le soin, l'ordre, l'économie, la bonne conduite, la loyauté qui sont les bases du succès, de l'estime, de la considération partout, dans l'industrie, dans le commerce et dans la société. Les médiocrités parlent de chance heureuse, mais ce n'est alors qu'un hasard que l'avenir peut détruire, tandis que les bases dont nous parlons sont solides, et quelquefois une ou deux suffisent pour la réussite. Le talent même a besoin de l'activité, du jugement de l'ordre et des autres qualités énumérées pour une réussite certaine et durable, sans cela ses succès sont précaires.

Chez les Travailleurs, les parents ne peuvent pas attendre; on doit entrer en apprentissage à treize ou quatorze ans, le plus tôt possible, après l'instruction primaire. Il faut choisir le métier qui convient aux goûts, aux aptitudes intellectuelles et physiques du jeune homme, si on le peut. Ce choix fait, il est bon de commencer dans un atelier ou une fabrique qui aient de la renommée, afin d'y acquérir de bons principes et du talent, ce dont on se ressent pendant toute sa carrière; il vaudrait mieux y sacrifier plus de temps, se contenter d'un moindre salaire, afin qu'on pût se présenter hardiment partout ailleurs avec de la réputation. Dans son travail, il ne faut jamais rien négliger, chercher toujours la perfection, ne pas se contenter d'un à peu près, car on arrive

bientôt à produire bien, aussi vite que médio-
crement ; c'est une habitude à prendre.
Franklin a dit : *Le manque de soin fait plus
que le manque de savoir*, l'expérience le
prouve dans toutes les carrières ; *l'oisiveté
ronge plus que la rouille;* en effet, le travail
est un exercice qui développe les facultés et
l'adresse. La valeur de l'homme est toute dans
ses bras.

Il est indispensable que le travailleur soit
sobre pour conserver sa vigueur, sa santé et
son intelligence ; qu'il soit économe, car ses
gains sont petits, quelquefois sa famille nombreuse, les maladies peuvent l'affliger et l'em-
pêcher de travailler. L'économie et l'ordre
amènent l'aisance et avec le temps font la
boule de neige. Tous doivent fuir les caba-
rets, où l'on dépense, où l'on perd son temps,
où l'on rencontre des exaltés et des intrigants ;
le cabaret est l'ennemi de la paix du foyer ; on
y entend des turpitudes, des opinions poli-
tiques subversives émises par des ignorants
ou de mauvais journaux, que l'on n'est pas
capable d'apprécier ni contredire, c'est un
poison dangereux qui peu à peu intoxique les
esprits même sains.

Les travailleurs doivent vivre paisiblement,
car la tranquillité est l'âme de l'industrie, du
commerce, de l'agriculture et de la prospérité
générale ; il ne faut donc pas qu'ils se laissent

entraîner par les fomenteurs de grèves, les brouillons qui cherchent à y trouver quelque fonction. Depuis trente-cinq ans, la diminution des heures de travail, les augmentations de tous les salaires, ont fait hausser de moitié la main-d'œuvre de tous les produits ; en conséquence, les dépenses ont augmenté, la vie est plus chère, on perd considérablement dans les grèves, et les économies sont impossibles.

La coalition est injuste parce qu'il ne faut pas que quelques-uns fassent la loi aux autres. Esope en parla dans une fable, il y a trois mille ans, et ce n'est pas changé : « *De travailler pour l'estomac, les membres se lassent, les mains, les bras, les jambes cessent d'agir. Bientôt ces pauvres gens tombèrent en langueur; les forces se perdirent. Alors les mutins virent que celui qu'ils croyaient le plus paresseux, à l'intérêt commun contribuait plus qu'eux.* » Les membres sont les ouvriers et l'estomac le patron.

Les coalitions compromettent la prospérité des industries, du commerce et la tranquillité publique. Du reste, les conséquences s'en font sentir, les industries se modifieront, se déplaceront ou disparaîtront.

Dans les grèves, les travailleurs sages doivent s'abstenir, défendre seuls leurs intérêts, car l'expérience a prouvé qu'une entente entre trois ou quatre n'était pas durable, à plus forte raison entre tous.

En général, les travailleurs se marient jeunes, ils ont toute leur vigueur, tout leur courage et ils ont le temps de voir grandir leurs familles ; de plus, les dépenses pour deux ne sont guère plus élevées que pour un seul et compensées au-delà par leurs services mutuels ; le plus souvent ils ne pourraient pas s'établir seuls. Chez eux, le rôle de la femme est important, c'est le gardien et l'administrateur du ménage, la cuisinière, la nourrice et la bonne des enfants, et quelquefois une ouvrière dont le travail augmente les ressources de la maison.

Par conséquent, la santé, l'amour du travail, le soin, l'économie, la bonne conduite sont des conditions indispensables pour que le mariage soit heureux ; si l'une des cinq manque, c'est presque la misère.

La femme doit avoir des sentiments religieux, les inspirer aux enfants; leur faire dire chaque jour leur prière, veiller à leur obéissance, former leur caractère, ne pas les gâter, les punir si c'est nécessaire et leur donner de l'aménité et de la politesse envers les diverses personnes de leur entourage. Plus tard, quand ils seront à l'école, la mère doit leur inspirer l'amour du travail, la discipline, l'émulation, afin qu'ils en tirent tout le profit possible.

Enfin, les enfants étant sortis de l'école primaire, les parents devront conserver les livres et les cahiers qui ont servi à leur instruction, en ajouter quelques autres qui soient intéressants et moraux, plus ceux qui soient spéciaux au métier qu'ils ont embrassé, afin qu'ils conservent le goût de l'étude et se perfectionnent dans les connaissances de leur carrière.

Les Fermiers dans les campagnes ont des travaux variés et une administration à apprendre à leurs enfants aussitôt qu'ils peuvent sortir de l'école. Ces travaux comportent la nourriture et la garde des bestiaux, la préparation des terres, l'ensemencement des grandes et des petites récoltes, l'entretien des fossés et des irrigations, le fumage des prés, la coupe des foins et leur entrée en grange, les moissons diverses, le battage et le transport des grains dans les greniers, enfin leur vente, le paiement du fermage, la coupe du bois de chauffage, etc. Il faut ajouter journellement les soins et la surveillance des écuries, la nourriture des bestiaux, de la basse-cour, la vente au marché des petites denrées, etc. Les enfants ont donc beaucoup à apprendre, beaucoup à faire, pour aider leurs parents dès leur enfance.

Rien n'est plus beau qu'une ferme bien tenue, un intérieur et un mobilier propres et brillants, des enfants nombreux bien portants, respectueux et soumis à leurs parents ; un bétail important en bon état, un cheval, des porcs, des lapins, beaucoup de volailles, dont la femme prend soin.

Le concours de la femme chez les cultivateurs est encore plus important que chez les autres travailleurs ; les familles sont nombreuses, la mère nourrit et élève ses enfants ; elle prépare la nourriture de tous, et celle des manœuvres lors de la coupe des foins et des moissons. C'est elle qui fait le pain et préside à la tenue de toute la ferme ; au tirage du lait, à la fabrication du beurre et du fromage, à la levée des œufs, à la nourriture de toute la nombreuse basse-cour. Aussi, ne pourrait-elle pas suffire à sa tâche sans se faire aider par une servante, jusqu'à ce qu'une de ses filles puisse la remplacer.

Nous n'avons pas besoin de recommander au cultivateur de former de bonne heure ses fils et ses filles au travail ; c'est une nécessité qui s'impose et qui se pratique. Puisque aujourd'hui l'instruction est plus répandue que jadis, qu'il en profite pour former ses fils, les pousser au progrès, emploie des machines qui économisent la main-d'œuvre, des engrais qui améliorent les récoltes, qu'il approfondisse peu à peu le terrain arable, et quant à ses bestiaux, choisisse les races les plus avantageuses pour son travail, pour leur lait et leur engraissement.

Dans les campagnes, les grèves ont commencé ; elles auront des conséquences analogues à celles qui ont lieu dans tous les métiers, c'est-à-dire des pertes dans les salaires, dans l'industrie, dans les ports, etc., partout des souffrances et des troubles, des modifications dans les moyens de production, mais ne changeront rien à la situation des grévistes et à la force des choses.

DEVOIRS DES ENFANTS

ENVERS LEURS PARENTS

Ces devoirs sont naturels et religieux, moitié divins, moitié humains ; ils tiennent des commandements envers Dieu et envers le prochain. Aussi, est-ce un devoir supérieur à tout autre, même à l'amour le plus grand. S'il arrivait qu'on eût son père et son fils en même danger et qu'on ne puisse secourir les deux, il faut qu'on aille au secours de son père, quoiqu'on aime plus son fils ; parce que la dette plus ancienne du fils à son père est privilégiée et ne peut être abolie par une dette récente.

Ces devoirs consistent en cinq points contenus dans ces mots : *Tes père et mère honoreras*. Le premier est la révérence, non seulement extérieure, mais intérieure ; une sainte estime, un respect que l'enfant doit avoir de ses parents, comme ses auteurs, la cause et l'origine de son existence et de son bien.

Le second est l'obéissance, jusqu'aux plus rudes et plus difficiles commandements de son père, comme Isaac qui ne fit pas de difficulté de tendre son cou au glaive d'Abraham.

Le troisième est de secourir ses parents en tout besoin, les nourrir en leur vieillesse, nécessité, les secourir et les assister dans toutes leurs affaires.

Le quatrième est de ne rien faire et de ne rien entreprendre d'important et de grave sans l'avis, l'approbation de ses parents, surtout pour son mariage.

Le cinquième est de supporter avec douceur les faiblesses, les défauts, les vices, les aigreurs et les chagrins des parents, leur sévérité et leur rigueur. Ceux-ci ont bien tout supporté de leurs enfants depuis leur naissance jusqu'à leur majorité.

Ces cinq devoirs sont dans le cœur de l'homme. L'enfant n'a qu'à considérer ce qu'il a coûté à son père et à sa mère, avec quel soin et quelle sollicitude il a été élevé, et il n'y trouvera pas de difficulté.

LA FAMILLE

La famille est la base de la société humaine. C'est dans la famille que les hommes naissent, sont élevés, sont instruits pour suffire à leur existence, pour devenir à leur tour les chefs d'autres familles, sous le même nom. Ainsi la famille se perpétue.

Origine de la première autorité, c'est le plus admirable des gouvernements, car il est fondé sur l'amour du père et de la mère, cimenté par leur amour naturel pour leurs enfants. Ceux-ci le leur rendent, avec le respect et la reconnaissance qui leur sont dus, pour leurs soins, leurs sacrifices, leur dévouement inaltérable. Les liens de la famille sont les plus forts, parce qu'ils viennent de la voix du sang.

La paternité, sentiment le plus vivace et le plus profond des hommes, ne s'éteint qu'avec la vie; leurs enfants sont une partie d'eux-mêmes, ils le ressentent bien quand ils en perdent. Auteur et chef responsable dans la communauté familiale, le père est le soutien et le guide de tous, pour les besoins du corps, de l'esprit et de l'âme; il est préoccupé de leur santé, de leur instruction, de leur avenir, même de leurs délassements ; surtout de leurs qualités morales, l'amour de la vertu, la probité, le sentiment de l'honneur, qui doivent être les parchemins d'une famille, afin de marcher la tête haute dans la société, et le cœur ferme dans les péripéties de la vie. Toujours il voudrait leur assurer une condition et une considération supérieure à la sienne. La paternité élève l'homme à sa vraie dignité. Elle rehausse, complète et couronne sa vie.

En nous appelant à naître, Dieu a placé près de notre berceau le cœur d'une mère qui ne vit que pour les siens, s'oublie et ne pense plus à elle ; c'est notre ange gardien et celui du foyer, la source de ses joies, de ses délassements et son ornement. C'est d'elle que vient la piété, la formation du caractère, le commencement de l'instruction et la bonne éducation qui se transmet dans les familles ; elle crée et entretient les relations, leur donne vie et agrément. En même temps, elle veille aux détails et à la bonne tenue de la maison, en fait les honneurs, avec l'aménité et la grâce qui sont les privilèges de son sexe. Souvent c'est le conseil le plus perspicace et la consolation la plus ferme dans les épreuves. Elle se refusera tout pour son mari et pour ses enfants ; elle sacrifiera le luxe, les plaisirs, le nécessaire, son repos et sa santé. Sa principale préoccupation est que ses enfants se portent bien, qu'ils lui fassent honneur à la promenade, à l'école, dans le monde, partout et en tout. Ses grandes fêtes sont les baptêmes, les premières communions et enfin les mariages convenables, qui sont l'objet de ses pensées constantes et de ses désirs.

Avec ses petits-enfants, elle continue sa tendresse et ses soins, sans en avoir toutes les charges ; on croirait même que ses sentiments sont plus vifs, à mesure qu'elle vieillit, sa tendresse est inépuisable.

Sur la tombe d'une famille de braves gens, les enfants et leurs descendants trouvent des souvenirs, des traditions et des exemples à suivre ; l'amour et le respect pour le nom de sa famille sont des sentiments puissants afin de ne pas dégénérer, d'un bon exemple pour tous et d'un grand intérêt moral pour la société.

AMOUR ET UNION

ENTRE FRÈRES ET SŒURS

Les frères et les sœurs sont unis par le sang ; la nature leur inspire l'union et la familiarité. Ils descendent des mêmes ancêtres, ils ont été élevés dans le même foyer, à la même table ; ils ont partagé les caresses et l'affection de leurs parents, les mêmes jeux, les mêmes satisfactions et les mêmes chagrins. Ils portent le même nom, leur honneur est commun. Un frère ou une sœur, à la mort de leurs père et mère, les remplacent pour élever les plus jeunes ; quelques-uns abandonnent leur héritage en faveur des moins fortunés. Si l'on a des amis, quelquefois leur amitié se refroidit, tandis que les frères sont des amis pour toute la vie ; ils prennent part aux succès, aux joies et aux peines ; ils sont pour ainsi dire solidaires pour la bonne et la mauvaise fortune, toujours prêts à se défendre, présents ou absents, spontanément, sans avoir besoin de le demander ; c'est un sentiment inné dans leur cœur.

Quelquefois, entre eux il s'élève un nuage,

mais c'est un orage qui passe et qui se dissipe aussi vite qu'il est venu. Des frères ennemis sont un monstrueux phénomène.

Un roi des Scythes, près de mourir, fit apporter un paquet de dards et le donna pour le rompre à ses quatre-vingts enfants. Aucun n'y réussit. Alors il le prit, brisa chaque dard l'un après l'autre, et leur montra par là que s'ils étaient toujours unis ils seraient invincibles, et que séparés ils seraient aisément vaincus.

Quand un frère est à charge aux autres, leur cause des ennuis, des sacrifices, sciemment ou involontairement, on doit le supporter, lui venir en aide, et *comme on ne doit jamais parler d'un bienfait, à plus forte raison de ceux rendus à sa famille,*

Lors de la mort de leur père, il est sage que des frères soient soigneux d'observer une bienveillance réciproque dans leurs rapports, afin de partager en paix l'héritage paternel ; il leur importe donc de prendre leurs mesures pour conserver entre eux la bonne harmonie. S'il surgit quelques contestations, ils doivent les vider sur l'heure, ne pas les laisser traîner et envenimer, ou en remettre la décision à des arbitres amiables.

Il est du devoir de tout homme qui aime ses parents, s'il a commis quelque faute envers eux, d'en demander pardon et de la réparer.

S'il a été l'offensé, il doit pardonner de son propre mouvement, avant qu'on le lui demande.

On ravive les liens fraternels facilement, grâce à des égards, à des complaisances et à des services ; quelques petits cadeaux, quelques objets qu'on conserve en souvenir suffisent. Il ne faut pas négliger les occcasions de se voir, de causer de ses affaires, d'éviter les froissements d'où qu'ils viennent ; il faut que le plus sage donne l'exemple pour maintenir la bonne harmonie. Entre frères, la familiarité est si grande que des difficultés ou des débats peuvent facilement s'élever entre eux, il est nécessaire d'éviter qu'ils dégénèrent en refroidissement et de profiter de la première occasion pour amener un raccomodement, grâce à une démarche ou une félicitation quelconque.

Les frères et les sœurs bien unis en retirent l'agrément de leurs rapports, et en même temps l'estime, la considération, la facilité des alliances. Car quoique dans un mariage il n'y ait que deux contractants, les familles y participent par leurs qualités, leur réputation, leurs vertus qui rejaillissent de l'une sur l'autre. Dans l'inconnu du mariage surtout, l'union et la réputation des frères, des sœurs et des parents, sont des garanties précieuses pour les conjoints ; d'avance, ils se trouvent bien renseignés sur les caractères, l'éducation des deux familles ; l'affection qu'ils ont entre eux et pour leurs père et mère est une garantie certaine pour le bonheur des futurs époux.

UNION ENTRE PARENTS

Cette union est un des agréments de la vie, elle est naturelle et nécessaire. En famille les rapports sont intimes, sans gêne, affectueux, et l'on n'a pas à craindre les indiscrets, les désagréments, comme avec des étrangers.

On doit doit donc s'efforcer d'entretenir de bonnes relations entre tous les membres de la famille. Les grandes occasions pour les réunions sont les fêtes des grands parents, les baptêmes, les premières communions, les mariages, quelquefois le triste événement de l'enterrement d'un membre de la famille où tous se rendent.

Il faut dès fêtes de famille, autant que les occupations et les soins de la maison le permettent. Des dîners, des soirées les animent et les rendent plus agréables. Ainsi, sans rien sacrifier de son temps, de ses travaux, dans le courant de l'année, on peut varier la monotonie d'une existence active, simple et économe.

C'est le contraire de la passion des visites, où madame a son jour, est absente les autres, pense aux soirées et aux fêtes, ne sait pas ce qui se passe chez elle, s'en rapporte pour tout à des domestiques venues de la campagne, jeunes et ignorantes. De sorte que, dans la maison, tout va à vau-l'eau, tout est en apparence, rien en la réalité, tout souffre, tout dépérit, les enfants sont mal élevés et mesdames se plaignent toutes de leurs domestiques qu'elles ne dirigent ni ne surveillent pas suffisamment. Les familles qui tiennent cette conduite sont vouées au désordre et souvent à la ruine.

Les réunions de famille ne sont que des distractions pour entretenir les bons rapports, et doivent toujours passer après les devoirs de son état et de sa condition.

Dans les circonstances heureuses, la joie de la famille augmente d'autant plus celle que l'on éprouve soi-même ; dans les événements malheureux, la sympathie des parents en adoucit l'amertume. En toute occasion, une famille bien unie doit prêter son concours et son appui à celui de ses membres qui en a besoin ; une recommandation, une présentation, un renseignement souvent peuvent suffire.

Plusieurs choses nuisent à l'union des familles. D'abord tout testament qui favorise les uns au détriment des autres, quand même il serait motivé et juste, surtout s'il a été fait sous l'influence du privilégié et au préjudice des autres héritiers ayant les mêmes droits et les mêmes espérances. Alors la rupture est certaine et complète ; il faut que les héritiers frustrés en prennent sagement leur parti et continuent les bonnes relations ; cependant il en restera un souvenir et un levain qui refroidiront les sympathies anciennes envers les bénéficiaires et leurs descendants. C'est donc un tort de favoriser certains héritiers, c'est un motif et un germe de désunion.

Une seconde cause moins grave, qui nuit aux réunions des parents, c'est, avec l'intention de les rendre plus attrayantes, d'y apporter trop d'apparat et trop de luxe. Les ressources, les habitudes, les goûts ne sont pas les mêmes chez tous ; on rend l'invitation qu'on a reçue et on ne veut pas être inférieur ; il en résulte qu'une fête trop somptueuse n'aura pas de lendemain, car ceux qui y ont assisté trouveront un prétexte pour ne pas aller à la suivante. Toujours dans la famille, ou avec ses amis, la simplicité, le confortable, l'aménité, la bonne humeur suffisent pour les repas et les soirées. La cérémonie, la recherche, le luxe, la profusion ne font qu'y nuire.

Une troisième cause, c'est une certaine prétention, une affectation dans les paroles, dans les conversations et les discussions qui peuvent s'élever. Les personnes raisonnables sont réservées, écoutent ; mais les tempéraments vifs prennent parti, il s'ensuit des froissements qui nuisent à l'agrément de la réunion. Les personnes trop originales et prétentieuses sont donc des trouble-fêtes.

Dans ces réunions, il faut s'en tenir aux mœurs patriarcales, simples, sans faste ; que chacun se trouve à son aise, laisse sa place à son voisin, sans tenir compte de la condition et de la fortune ; que la gaieté se joigne à l'esprit, qu'on en sorte content, avec le désir de recommencer le plus souvent possible.

La musique et le chant y apportent de l'agrément. On peut finir par la danse, qui est toujours gaie pour les jeunes qui s'y livrent et pour ceux qui les regardent. Dans les grandes occasions, on peut y joindre une comédie où les costumes donnent du piquant, et où le talent et la grâce des artistes improvisés peuvent se montrer et être applaudis. Dans ce cas, quelques amis invités agrandissent le cercle des spectateurs, ainsi que les relations. Le devoir des chefs de famille est de veiller au maintien de leur union. Des événements nombreux, des accidents de fortune, des maladies peuvent la mettre en péril, il serait nécessaire d'y parer.

Dans les villes industrielles et commerçantes, on n'a pas de loisirs, et on ne songe pas à l'agrément de la société ; il en résulte que les parvenus manquent de l'éducation première ; c'est une raison de plus d'avoir des réunions de famille où ils pourraient l'acquérir, surtout les jeunes gens et les jeunes filles.

Tout en étant actifs et assidus, les industriels et les négociants ont besoin de l'entregent, de l'habileté et de la politesse ; il leur suffirait des fréquentations de famille et de quelques amis choisis pour les acquérir. Autrement il vaudrait mieux rester Gros-Jean, car il arrive souvent que des négociants et des industriels qui se sont enrichis et qui se sont ensuite adonnés au luxe et aux plaisirs du monde, ont négligé leurs affaires et se sont ruinés.

CODE CIVIL
RELATIF AU MARIAGE

---

144. — L'homme avant dix-huit ans révolus, la femme avant quinze ans révolus, ne peuvent contracter mariage.

145. — Néanmoins, il est loisible d'accorder des dispenses d'âge pour des motifs graves.

148. — Le fils qui n'a pas atteint l'âge de vingt-cinq ans accomplis, la fille qui n'a pas atteint l'âge de vingt et un ans accomplis, ne peuvent contracter mariage sans le consentement de leurs père et mère : en cas de dissentiment, le consentement du père suffit.

151. — Les enfants de famille ayant atteint la majorité fixée par l'article 148 sont tenus, avant de contracter mariage, de demander, par un acte respectueux et formel, le conseil de leur père et de leur mère, etc.

152. — Depuis la majorité fixée par l'article 148, jusqu'à l'âge de trente ans accomplis pour les fils, et jusqu'à l'âge de vingt-cinq ans accomplis pour les filles, l'acte respectueux prescrit sera renouvelé deux autres fois, de mois en mois ; et un mois après le troisième acte, il pourra être passé outre, etc.

153. — Après l'âge de trente ans, à défaut de consentement, il pourra être passé outre, etc.

161. — En ligne directe, le mariage est prohibé entre les ascendants et descendants légitimes ou naturels, et les alliés dans la même ligne.

162. — En ligne collatérale, le mariage est prohibé entre le frère et la sœur, légitimes ou naturels, et les alliés au même degré.

163. — Le mariage est encore prohibé entre l'oncle et la nièce, la tante et le neveu ; néanmoins il est loisible de lever, pour des causes graves, cette prohibition.

165. — Le mariage sera célébré publiquement devant l'officier public du domicile de l'un des conjoints.

166. — Les deux publications ordonnées par l'article 63 des actes de l'état civil, seront faites à la municipalité du lieu où chacune des parties aura son domicile.

169. — Il est loisible de dispenser de la seconde publication.

70. — L'officier de l'état civil se fera remettre l'acte de naissance de chacun des futurs époux, etc.

71. — L'acte de notoriété contiendra la déclaration faite par sept témoins, de l'un ou l'autre sexe, parents ou non parents, etc.; l'époque de sa naissance et les causes qui empêchent d'en rapporter l'acte, etc.

73. — L'acte authentique du consentement des père et mère, etc., contiendra les prénoms, noms, professions du domicile du futur époux, et de tous ceux qui auront concouru à l'acte, ainsi que de leur degré de parenté.

74. — Le mariage sera célébré dans la commune où l'un des deux époux aura son domicile, etc.

75. — Le jour désigné par les parties, après les publications, l'officier de l'état civil, dans la maison commune, en présence de quatre témoins, fera lecture aux parties des pièces ci-dessus mentionnées, relatives à leur état et aux formalités du mariage, et du chapitre VI du titre du *Mariage*, sur *les droits et les devoirs respectifs des époux* (212 à 226). — Il interpellera les futurs époux, ainsi que les personnes qui autorisent le mariage, d'avoir à déclarer

s'il a été fait un contrat de mariage, la date du contrat, les nom et lieu de résidence du notaire qui l'aura reçu. — Il recevra de chaque partie, l'une après l'autre, la déclaration qu'elles veulent se prendre pour mari et femme; il prononcera, *au nom de la loi, qu'elles sont unies par le mariage*, et il en dressera acte sur le champ.

76. — On énoncera dans l'acte de mariage : 1° Les prénoms, noms, professions, âges, lieux de naissance et domiciles des époux; 2° s'ils sont majeurs ou mineurs; 3° les prénoms, noms, professions et domiciles des pères et mères; 4° le consentement des pères et mères ; 5° les actes respectueux, etc.; 6° les publications, etc. ; 7° les oppositions ou leur main-levée ; 8° la déclaration des contractants de se prendre pour époux et le prononcé de leur union par l'officier public ; 9° les prénoms, noms, âges, professions et domiciles des témoins et leur parenté ; 10° la déclaration faite relativement au contrat de mariage, avec la date, les noms et la résidence du notaire, etc.

203. — Les époux contractent ensemble, par le seul fait du mariage, l'obligation de nourrir, d'entretenir et élever leurs enfants.

205. — Les enfants doivent des aliments à

leurs père et mère et autres ascendants dans le besoin.

206. — Les gendres et belles-filles doivent également des aliments à leurs beau-père et belle-mère, etc.

207. — Les obligations sont réciproques, etc.

212. — Les époux se doivent mutuellement fidélité, secours et assistance.

213. — Le mari doit protection à sa femme, la femme obéissance à son mari.

214. — La femme est obligée d'habiter avec son mari et de le suivre partout; le mari est obligé de la recevoir et de lui fournir ce qui est nécessaire pour les besoins de la vie, selon ses facultés et son état.

215. — La femme ne peut ester en justice sans l'autorisation de son mari, etc.

217. — La femme, même séparée de biens, ne peut donner, aliéner, hypothéquer, acquérir à titre gratuit ou onéreux, sans le concours du mari ou son consentement par écrit.

218. — Si le mari refuse d'autoriser sa femme à ester en jugement, le juge peut donner l'autorisation.

219. — Si le mari refuse d'autoriser sa femme à passer un acte, la femme peut faire

citer son mari devant le tribunal, qui peut donner ou refuser son autorisation, etc.

226. — La femme peut tester sans l'autorisation de son mari.

371. — L'enfant, à tout âge, doit honneur et respect à ses père et mère.

372. — Il reste sous leur autorité jusqu'à sa majorité ou son émancipation.

373. — Le père seul exerce cette autorité durant le mariage.

374. — L'enfant ne peut quitter la maison paternelle sans la permission de son père, si ce n'est pour enrôlement volontaire après dix-huit ans révolus.

384. — Le père, pendant le mariage, et le survivant des père et mère, auront la jouissance des biens de leurs enfants jusqu'à l'âge de dix-huit ans accomplis, ou jusqu'à leur émancipation avant dix-huit ans.

TABLE DES MATIÈRES

SAINT-ÉTIENNE, IMP. J. LE HÉNAFF, RUE BALAY, 31

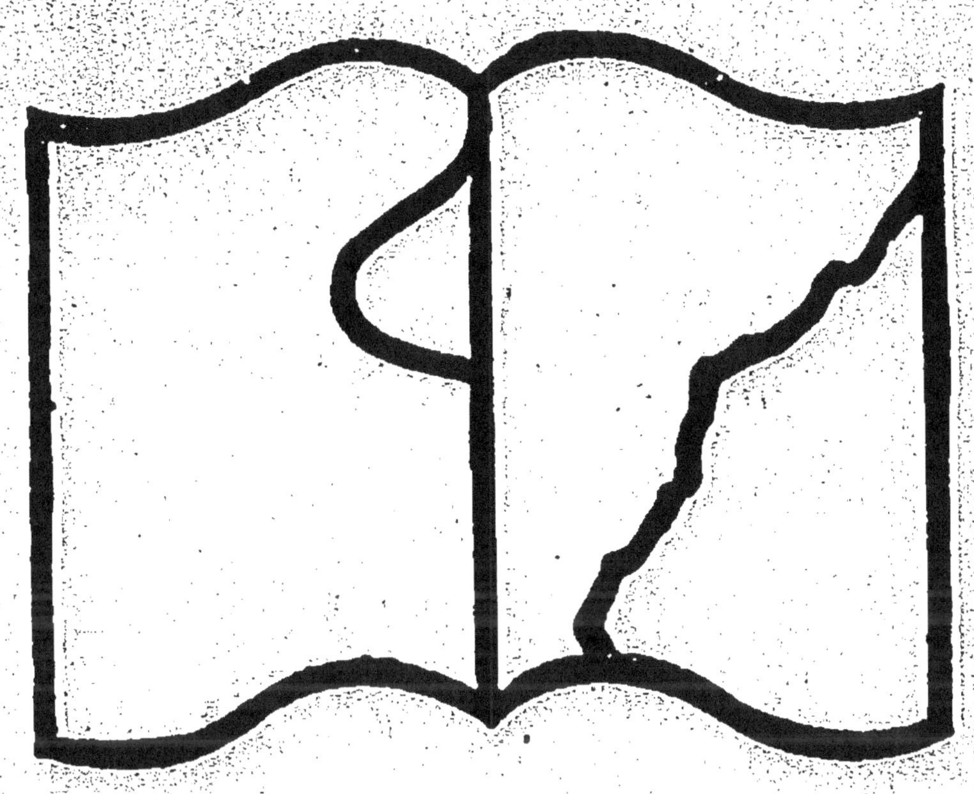